일러두기

1. 각 인물 소개에 나오는 '생몰'은 발견된 화석 개체가 실제로 살았으리라 짐작되는 때, '시기'는 화석이 속한 종족이 활동했으리라 짐작되는 때입니다.
2. '두발걷기', '곧선사람', '손쓴사람' 등은 고인류학계에서 관용적으로 쓰이는 표현이므로 붙여 썼습니다.

MENSCH! EINE ZEITREISE DURCH UNSERE EVOLUTION

by Susan Schädlich and Michael Stang, with illustrations by Bea Davies

© 2023 by CARLSEN Verlag GmbH, Hamburg, Germany

All Rights Reserved Korean translation ©2024 by VISION B&P
This Korean edition published by arrangement with CARLSEN Verlag GmbH
through Orange Agency, Korea.

이 책의 한국어판 저작권은 오렌지 에이전시를 통해 CARLSEN Verlag GmbH와
독점 계약한 비전비앤피(VISION B&P)에 있습니다.
저작권법에 의해 한국 내에서 보호를 받는 저작물이므로 무단전재와 무단복제를 금합니다.

감수의 글

머나먼 과거로의 짜릿한 여행이 곧 시작됩니다!

어린이 탐험가 여러분, 안녕하세요!

지금부터 우리는 머나먼 과거로 환상적인 시간 여행을 떠날 예정입니다. 오래전 '투마이'부터 지금의 '호모 사피엔스'에 이르기까지, 인류의 놀라운 진화 여정을 함께할 예정이거든요. '아르디'와 '루시'가 언제 어떻게 두 발로 서게 되었는지, '플리스 부인'과 '나리오코토메 소년'은 어떤 세상에 살았는지, 신비로운 '데니소바인'과 강인했던 '네안데르탈인'은 어떻게 우리의 오랜 친척이 되었는지, 한 걸음씩 짚어 나가 봅시다.

사람은 과연 언제부터 두 발로 걸었을까요? 처음으로 도구를 사용한 사람은 누구일까요? 인류는 어쩌다 불을 사용하게 되었을까요? 왜 옷을 입기 시작했을까요? 아프리카에서 아시아와 유럽, 호주, 아메리카 대륙까지 이동한 까닭은 무엇일까요? 처음으로 말을 한 조상은 누구일까요?

이 책에는 매 장 인류 역사의 비밀이 숨어 있습니다. 각 호미닌hominin 종이 무엇을 먹고 만들었으며, 어떻게 서로 사랑하고 어울려 지냈는지, 인류 조상들의 삶을 여러 부분에서 생동감 있게 그렸지요. 그래서 마치 타임머신의 조종석에 앉아 있는 듯, 오랜 과거로 직접 돌아간 듯한 기분을 느낄 수 있어요. 우리 조상의 이야기를 따라가다 보면 스스로 인류의 깊은

뿌리와 연결되어 있음을 느낄 수 있을 거예요. 여행을 마치고 나면, 인류가 오늘날에 이르기까지 걸어온 수백만 년의 과거를 이해할 수 있을 테지요.

부디 신나는 발견으로 가득한 짜릿한 탐험이 되기를 바랍니다. 그럼 이제, 출발!

서울대학교 인류학과 교수(진화 인류학자)

박한선

차례

4   **감수의 글**   머나먼 과거로의 짜릿한 여행이 곧 시작됩니다!

20   **투마이** 사헬란트로푸스 차덴시스
인류는 어떻게 생겨났을까?

26   **아르디** 아르디피테쿠스 라미두스
화석의 나이는 어떻게 알아볼까?

32   **루시** 오스트랄로피테쿠스 아파렌시스
옛사람들의 뼈로 알아볼 수 있는 것들은?

38   **플리스 부인** 오스트랄로피테쿠스 아프리카누스
어른일까, 아이일까?

46   **나리오코토메 소년** 호모 에렉투스
화석에 이런 별명이?

56 **엑스 우먼** 데니소바인
넌 누구야!?

64 **플로** 호모 플로레시엔시스
당황스러운 발견!

74 **라샤펠의 노인** 호모 네안데르탈렌시스
몽둥이를 든 바보가 아니야!

75 **미노** 호모 사피엔스
살아남은 단 한 종의 인류!

84 **여행을 마치며** 끝없는 퍼즐

86 **퀴즈** 나도 발굴단!

등장인물

미노

이 이야기의 주인공.
사랑하는 할머니의 여든 번째 생신을 맞이해
근사한 이벤트를 기획 중이다.

시조

시간 여행 기능이 있는
미노의 인공 지능 목걸이.
고인류들의 말을 통역해 준다.
잔소리가 아주 심하다.

투마이

가장 오래전에 살았으리라 짐작되는
고인류. 돌팔매질이 아주 뛰어나며
식탐이 있다.

아르디

나무 타기 선수다.
나무에 앉아서 입속의 씨앗을
멀리 내뱉는 것을 좋아한다.

루시

나무는 잘 못 타지만,
두 발로 걷기는 자신 있다.

플리스 부인

가족을 소중하게 여기기 때문에
미노의 할머니 생일잔치
초대에 응한다.

나리오코토메 소년

손재주가 좋으며,
물고기 사냥에 능하다.
또 다른 이름은
'투르카나 소년'이다.

엑스-우먼

3~5세 정도 된
아주 어린 여자아이.
빙하기 추운 날씨 때문에
동굴에서 불을 쬐며
살아간다.

플로

플로레스섬에 사는
키 작은 사람.
성인이지만 키가
1미터 정도밖에
되지 않는다.

라샤펠의 노인

나이가 많은 데도
힘이 아주 세다.
아들이 다른 종족 여자와
연애 중이다.

최초의 인류는 아프리카에서 진화했어.
약 700만 년 전,
아프리카에서 두 발로 걷기 시작한 생명체로부터 말이야.
첫 번째 인류가 정확히 어디에서 태어났고, 생김새가 어땠는지,
우리는 거의 아는 바가 없지.
그런데 오래전 인류 중 일부의 뼈가 발견되었어!

이 화석들 덕에 우리는 인류 진화의 거대한 퍼즐을 맞춰 볼 수 있게 되었어. 화석들은 귀중한 퍼즐 조각인 셈이야. 대부분 몇 조각 안 될뿐더러, 온전한 것도 드물지만 말이지. 다른 시대의 인류를 직접 만나 볼 수 있다면 좋을 텐데, 그건 불가능하니까. 아니… 어쩌면 가능할지도 모르겠다!

다음 쪽으로 넘어가 봐!

모든 화석의 뼈는 언젠가 살았던 생명체의 것이야. 초기 인류의 두개골도 마찬가지지. 초기 인류는 과연 어떻게 생겼을까? 자세히 알아보기 위해 전문가들은 뼈로 얼굴을 재구성해. 그 과정을 설명해 줄게!

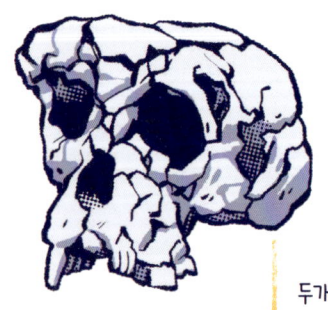

두개골들은 대부분 온전하지 않아.

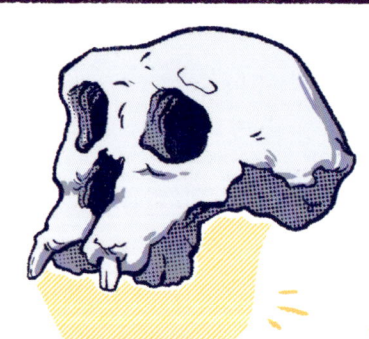

인류학자는 컴퓨터로 뼈의 여러 부분을 합쳐 봐. 없는 뼈는 만들어서 두개골을 온전한 상태로 되돌리지.

투마이 사헬란트로푸스 차덴시스

-7,000,000   -6,000,000   -5,000,000   -4,000,000

이어서 3D 프린터로 온전한 두개골을 제작한 다음, 조소용 반죽으로 근육과 피하지방을 만들고 유리 눈과 치아를 붙여.

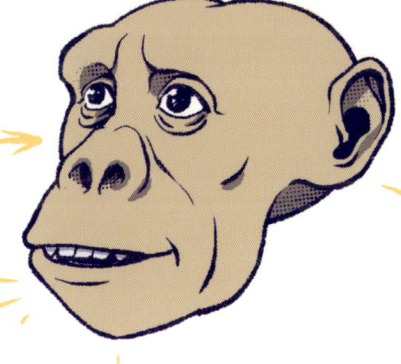

그러고 나서 고무 같은 덩어리로 문지르며 피부 질감을 표현해.

마지막으로 피부를 색칠하고 머리카락까지 붙이면, 완성!

-3.000.000   -2.000.000   -1.000.000년 전   현재

투마이 TOUMAÏ

- **어원** '삶의 희망'이라는 뜻의 다자가어(차드, 니제르에 주로 거주하는 다자족 언어).
- **생몰** 600만~700만 년 전.
- **발견** 중앙아프리카 차드(2001).
- **나이** 성인.
- **몸집** 약 1미터.
- **거주** 나무와 호수가 있는 초원.
- **주식** 잎, 뿌리, 풀.
- **특징** 지금껏 발견된 것 중 가장 오래된 인류의 화석으로 인정받아.

 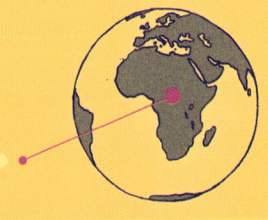

사헬란트로푸스 차덴시스
Sahelanthropus tchadensis

- **의미** 차드에 살았던 사헬이라는 인류.
- **시기** 600~700만 년 전.
- **특색** 투마이에 대해서는 알려진 것이 매우 적어. 어떤 인류학자는 투마이가 인간보다 침팬지 쪽 조상에 가깝다고 생각해서 "사헬피테쿠스(사헬원숭이, 사헬유인원)"라고 부르기도 해.
참고로 보통 꼬리 달린 영장류primate를 원숭이 monkey라고 하고, 꼬리가 없으면 유인원ape라고 해. 유인원에는 침팬지, 고릴라, 오랑우탄, 긴팔원숭이가 있어. 인간 역시 꼬리가 없지만 유인원이라고 하지는 않아.

인류는 어떻게 생겨났을까?

인류학자들은 수백 년 동안 인류의 기원에 관해 고민해 왔어. 두 발로 걷는 인류의 진화는 비교적 최근에 시작했거든.

초기 인류에 관한 인류학을 고인류학Paleoanthropology이라고 해. '인류학anthropology'이라는 단어 앞에 '오래된paleo'라는 뜻의 라틴어를 붙였지.

오랑우탄
고릴라
침팬지
인간

마지막 공통 조상

0
5
10
15
20
2500만 년 전

흔히 인간이 원숭이로부터 진화했다고 말하지만, 이것은 사실이 아니야. 인간과 유인원, 원숭이가 공통 조상common ancestor에서 진화했다고 보는 것이 옳지! 인류 최초의 조상이 누구이며, 어떻게 생겼는지는 불분명해. 확실한 것은 약 700만 년 전 언젠가 가지가 갈라졌고, 그 가지 중 하나에서 지금의 인간이 나타났다는 거야.

인류는 매우 오랫동안 무수히 많은 진화의 단계를 거치며 오늘날에 이르렀어. 그래서 "자, 여기부터 확실히 인류입니다"라고 말하기는 어려워. 그래도 투마이는 인류와 아주 가깝지. 그 증거가 바로 '두발걷기'야. 투마이는 두 발로만 걸었던 건 아니지만, 그래도 굉장히 자주 두 발로 걸었던 것 같아. 두개골이나 골반, 다리, 팔, 손, 발 등 여러 화석 연구를 종합해 보면 알 수 있지. 그게 바로 가장 먼저 투마이를 찾아간 이유야.

아르디 ARDI

- **어원** 아르디피테쿠스(학명)의 약칭.
- **생몰** 약 440만 년 전.
- **발견** 동아프리카 에티오피아(1994).
- **나이** 젊은 성인.
- **몸집** 약 1.2미터.
- **거주** 숲, 습지, 사바나.
- **주식** 열매, 풀, 숲속의 작은 동물.
- **특징** 남아 있는 골격으로 걸음걸이와 신장을 추정할 수 있었어. 골반(34쪽 참고)으로 짐작컨대 아마 여성이었을 거야.

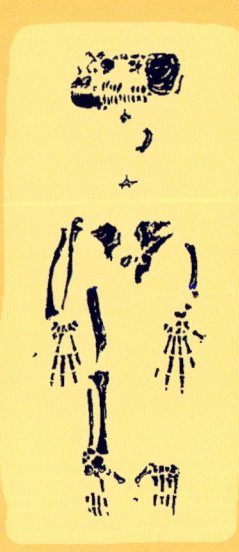
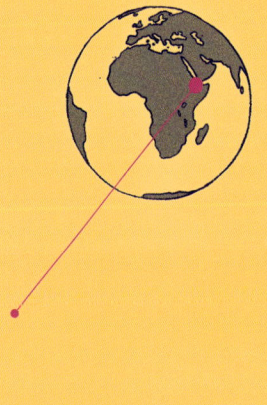

아르디피테쿠스 라미두스
Ardipithecus ramidus

- **의미** 인간의 뿌리가 되는 땅에서 사는 원숭이라는 뜻이야. 그리스어로 '땅 원숭이 ardi pithecus'에 아파르어 '뿌리 ramidus'를 합쳤어.
- **시기** 450만~430만 년 전.
- **특색** 이들은 확실히 두 발로 잘 걸었어. 하지만 긴 손으로 나무도 잘 탔지.

화석의 나이는 어떻게 알아볼까?

초기 인류의 뼈를 발견하면, 일단 그 뼈가 얼마나 오랫동안 거기 놓여 있었는지 알아내야 해. 그 생물이 어떤 시대에 살았는지 알아보는 거야. 지금부터 화석의 나이를 추정하는 다양한 방법을 알려 줄게.

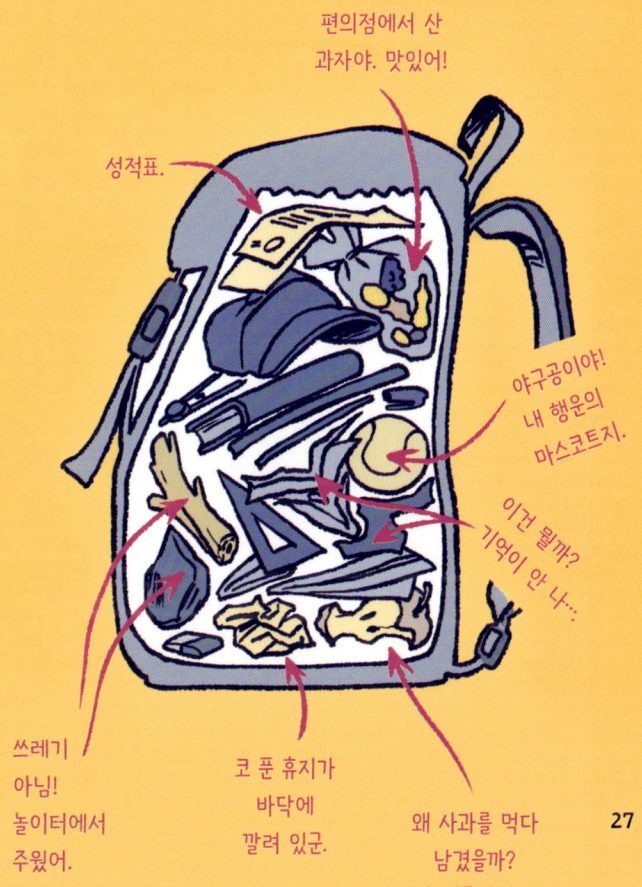

첫 번째 규칙은 이거야. '깊이 묻혀 있을수록 더 오래된 것이다.' 책가방에서도 제일 밑바닥 물건이 가장 오랫동안 들어 있었을 확률이 높잖아.

땅바닥도 마찬가지야. 시간이 지나면 위에 새로운 층이 추가되지. 그 위에 나뭇잎과 먼지가 쌓여. 그러니 화석은 묻혀 있는 토양층의 연대만큼 오래됐다고 볼 수 있겠지?

문제는 종종 상황이 복잡하다는 거야. 토양층은 흔히 수백만 년이 흐르면서 변화하거든. 땅의 표면은 상승하거나 가라앉고, 바람과 날씨가 물질을 서서히 운반해. 화석을 연구하는 사람들은 이 같은 과정까지 세심하게 살펴야 하지.

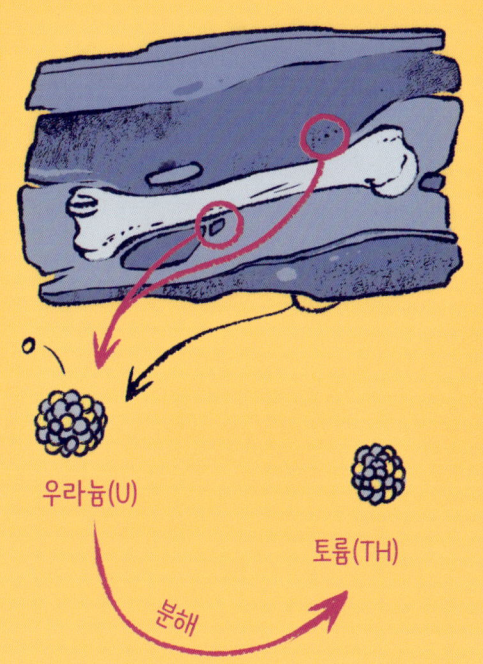

때로는 실험실에서 얼마나 오래된 화석인지 알아볼 수도 있어. 화석이 발견된 암석에서 샘플을 채취하고, 그 샘플에서 시간의 흐름에 따라 변화하는 특수 물질을 측정하는 거야. 예를 들어, 화학 원소 우라늄의 양을 측정한다고 치자. 우라늄은 분해될 때 '토륨'이라는 물질을 생성하기 때문에 우리는 우라늄의 분해 속도를 정확히 알 수 있어. 연구자들이 두 물질의 양을 산출하면, 경과된 시간이 계산되지. 하지만 이 방법만으로 화석의 연대를 확인하는 건 아니야! 보통 적어도 한 가지 이상의 또 다른 방법을 통해 결과가 맞는지 확인한다고 해.

인간은 집단을 이루고 사는 동물이야. 최소 가족, 또는 그보다 더 큰 무리를 이뤄 살았지. 항상 그랬어. 증거를 하나 들어 볼까? 동아프리카, 오늘날의 탄자니아에서는 360만 년 전, 화산 폭발이 있었어. 며칠 뒤 화산재가 식자, 여러 이족 보행자들이 길을 따라 걸으며 흔적을 남겼어. 총 70개의 발자국이 오늘날까지 남아 있지. 이 발자국들은 아마 루시와 같은 종, 즉 오스트랄로피테쿠스 아파렌시스의 발자국이었을 거야.

두 발로 걸은 사람의 발자국

이 흔적들은 인류가 이미 훌륭하게 직립 보행했으며 무리 지어 이동하고 있었음을 보여 줘.

지나가는 네발 동물

투마이 사헬란트로푸스 차덴시스   **아르디** 아르디피테쿠스 라미두스

-7.000.000   -6.000.000   -5.000.000   -4.000.000

'첫 번째 가족First Family'은 아프리카 대륙에서 발견된 뼈 발굴물의 이름이야. 인류학자들은 에티오피아 하다 지역에서 320만 년 전의 인류, 총 17명(성인 9명, 청소년 3명과 어린이 5명)의 화석을 발견했어.

루시 오스트랄로피테쿠스 아파렌시스

-3,000,000   -2,000,000   -1,000,000년 전   현재

1974년, 에티오피아에서는 인류학자들이 대대적인 발굴 중이었어. 연구자들은 많은 화석이 쏟아져 나오리라 기대되는 지역의 지질층 연대를 정확히 알고 있었어. 320만 년 전이었지. 인류 진화사에서 많은 일이 일어났음이 분명한 시기였어. 미국 탐사단 도널드 요한슨이 이끄는 팀은 고된 작업 끝에 기대하던 뼈를 발견했어. 47개의 뼈 모두, 한 인간 생명체의 것이었어. 키는 1미터 정도밖에 되지 않았지. 아마 여성이었을 거야.

투마이 사헬란트로푸스 차덴시스   **아르디** 아르디피테쿠스 라미두스

-7,000,000   -6,000,000   -5,000,000   -4,000,000

루시 LUCY

어원	영국 밴드 비틀즈의 노래 제목.
생몰	약 320만 년 전. 루시는 높은 곳에서, 아마도 나무에서 떨어져서 죽었을 거야.
발견	아프리카 에티오피아(1974).
나이	약 25살.
몸집	약 1.1미터.
거주	트인 산림지대.
주식	열매, 잎, 풀.
특징	에티오피아에서는 루시 우표가 발행된 적도 있대.

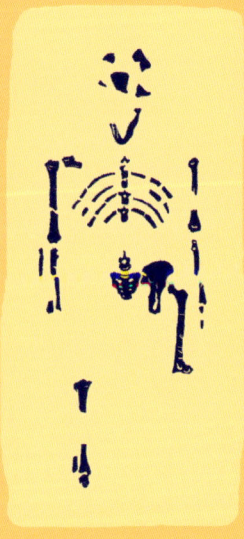
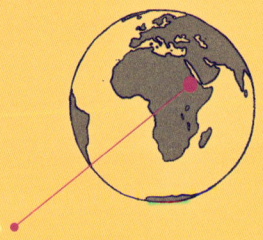

오스트랄로피테쿠스 아파렌시스
Australopithecus afarensis

의미	아파 지역에서 발견된afarensis 남쪽austral 원숭이pithecus.
시기	380만~290만 년 전.
특색	루시의 무릎과 동족들의 발자국은 이들이 우리와 거의 똑같이 걸었다는 것을 보여 줘.

옛사람들의 뼈로 알아볼 수 있는 것들은?
뼈는 한 사람에 대해 많은 것을 알려 줘. 뼈 화석이 온전할수록 우리는 옛사람들에 대해 더 많은 정보를 얻을 수 있어.

기다란 넙다리뼈 또는 정강이뼈 하나만으로도 키를 추정할 수 있어. 뼈를 통해 나무를 주로 탔는지, 아니면 두발걷기를 선호했는지도 짐작할 수 있지.

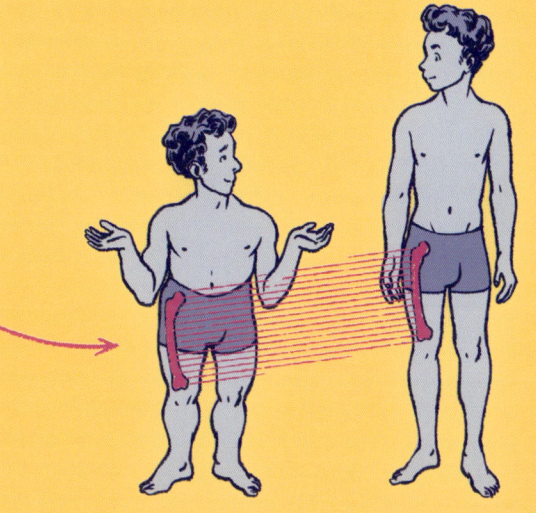

키가 작은 사람의 넙다리뼈는 길 수 없어.

기다란 넙다리뼈는 아마 키 큰 사람의 뼈일 거야!

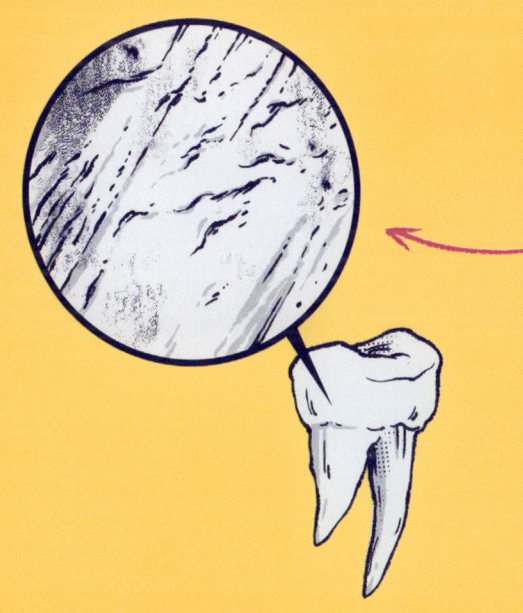

치아도 많은 것을 보여 줘. 현미경으로 법랑질의 미세한 닳은 흔적을 들여다볼 수 있는데, 이것으로 그 사람이 좋아하는 음식을 알아낼 수 있지. 손가락을 빠는 나쁜 습관이 있었는지, 아닌지까지 알 수 있어. 그 사람이 치아를 어떻게 썼는지도 짐작 가능하지. 예를 들어, 가죽을 부드럽게 만들려고 자주 씹었을 수도 있잖아? 끈을 꽉 잡기 위한 도구로 자주 사용했을 수도 있고 말이야.

부상은 뼈에 흔적을 남기기도 해. 일부 화석에서는 뼈가 부러졌다 붙은 흔적을 찾아볼 수 있지. 질병도 마찬가지야. 염증 또는 암의 진행 흔적이 남기도 하거든.

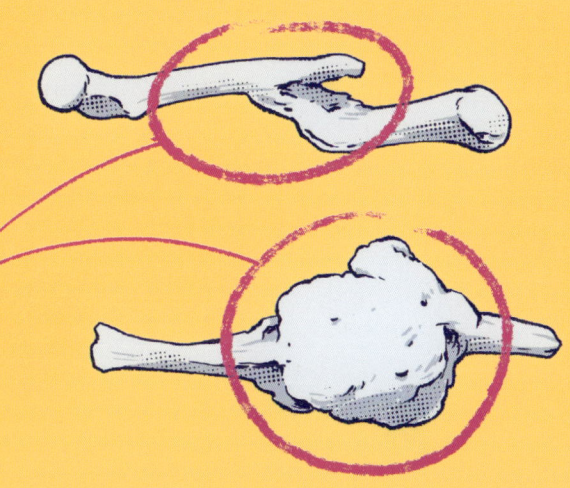

유용한 골반

인류학자는 골반으로 남성과 여성을 구분해. 보통 여성의 골반이 더 크거든. 출산할 때 아기 머리가 골반을 통해서 나오기 때문이야.

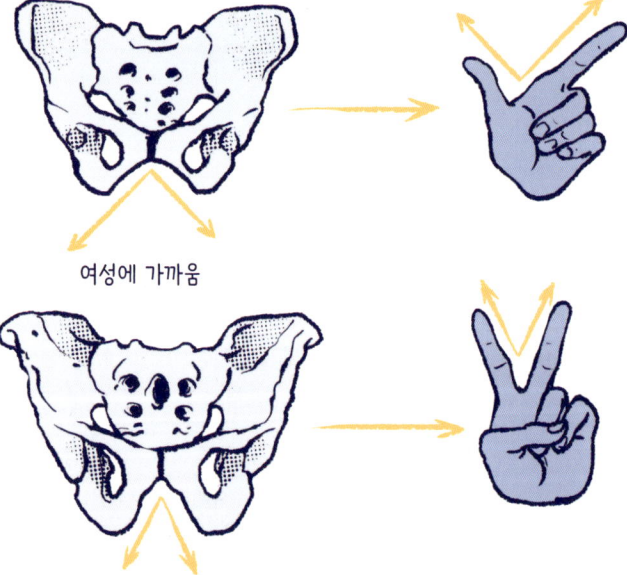

여성에 가까움

남성에 가까움

투마이 사헬란트로푸스 차덴시스   **아르디** 아르디피테쿠스 라미두스

-7.000.000   -6.000.000   -5.000.000   -4.000.000

인간의 다양성

고인류에 관해서는 화석이 거의 유일한 증거인 경우가 많아. 하지만 화석은 인류의 다양성에 대해 모두 알려 줄 수 없어. 뼈를 통해서는 사람들이 어떻게 생각하고, 느끼고, 행동했는지 좀처럼 알기 어려우니까. 뼈는 아무 말도 할 수 없잖아.

루시 오스트랄로피테쿠스 아파렌시스   **플리스 부인** 오스트랄로피테쿠스 아프리카누스

-3.000.000   -2.000.000   -1.000.000년 전   현재

플리스 부인
MRS. PLES

어원 '거의 인간'이라는 뜻이 담긴 고대 이름 플레시안트로푸스plesianthropus에서 유래.

생몰 약 215만 년 전.

발견 남아프리카(1947). 다이너마이트로 두개골을 날려 버린 탓에 발견자는 여러 개로 조각 난 두개골을 잘 붙여야 했어.

나이 성인.

몸집 두개골만 발견돼서 정확히 알 수는 없어. 다만 이 종 여성의 키는 약 1.10미터였대.

거주 나무가 있는 초원 사바나.

주식 있는 건 모두 다. 식물의 알뿌리까지 먹었대.

특징 이 유골이 미스터 플리스, 즉 남자라고 말하는 연구자들도 있어.

 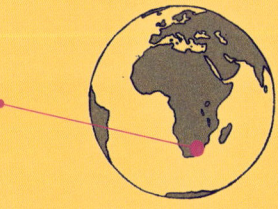

오스트랄로피테쿠스 아프리카누스
Australopithecus africanus

의미 아프리카에서 발견된africanus 남쪽austalo 원숭이pithecus. 사실 오스트랄로피테쿠스는 남쪽보다 동쪽에서 더 많이 발견되고, 원숭이가 아닌 유인원이야. 하지만 오래전부터 써 온 이름이라서 지금도 바꾸지 않고 쓰고 있어.

시기 약 300만~210만 년 전.

특색 이 종의 화석은 인류가 아프리카에서 진화했다는 이론의 첫 번째 증거야. 망치질에 더해 자르거나 베기 위해 간단한 석기 도구를 사용했을 것으로 추정돼.

어른일까, 아이일까?

화석으로 누가 어느 시대에 살았는지, 몇 살에 죽었는지 알아낼 수 있어. 특히 치아를 보면 가장 잘 알 수 있지.

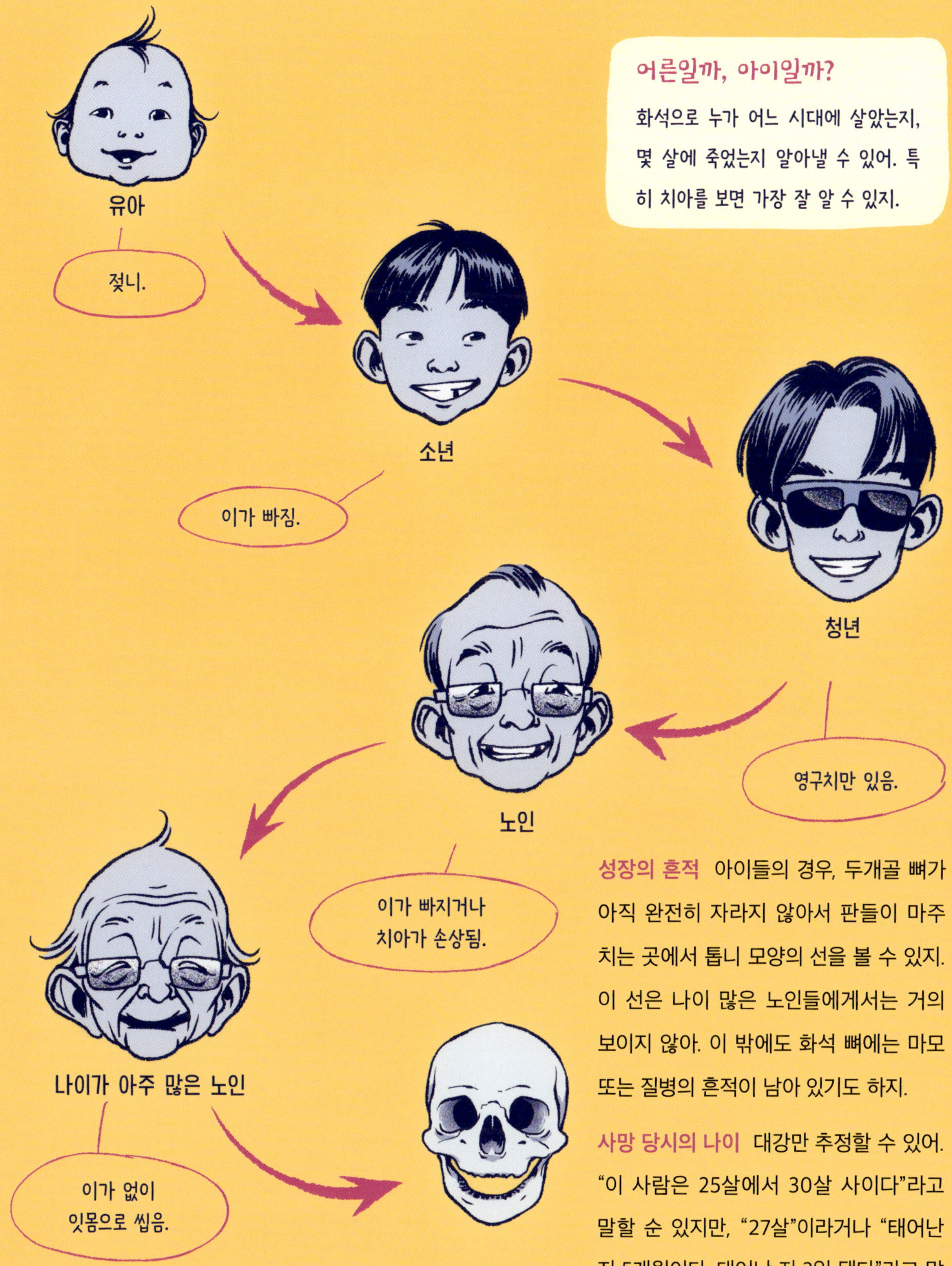

유아 — 젖니.

소년 — 이가 빠짐.

청년 — 영구치만 있음.

노인 — 이가 빠지거나 치아가 손상됨.

나이가 아주 많은 노인 — 이가 없이 잇몸으로 씹음.

성장의 흔적 아이들의 경우, 두개골 뼈가 아직 완전히 자라지 않아서 판들이 마주치는 곳에서 톱니 모양의 선을 볼 수 있지. 이 선은 나이 많은 노인들에게서는 거의 보이지 않아. 이 밖에도 화석 뼈에는 마모 또는 질병의 흔적이 남아 있기도 하지.

사망 당시의 나이 대강만 추정할 수 있어. "이 사람은 25살에서 30살 사이다"라고 말할 순 있지만, "27살"이라거나 "태어난 지 5개월이다, 태어난 지 3일 됐다"라고 말할 수는 없어.

도대체 왜?

…어떤 동물은 날고, 어떤 동물은 날지 못할까?
…특정 생물은 왜 멸종했을까?
…깃털과 털이 나뉘는 걸까?
…다양한 인간의 종이 생겨났을까?
…아르디와 루시는 두 발로 걸었을까?
…모든 것은 끊임없이 변하는 걸까?

그건 바로!

이 모든 질문의 답은 바로 '진화'야. 자연에서는 강한 생명체나 잘 적응하는 생명체만 살아남아서 자기 아이에게 그 특성을 전해 주거든. 이것이 오랜 기간에 걸쳐 종이 변화하는 방식이야. 곰팡이, 박테리아, 대추야자, 닭, 인간 모두 다 마찬가지야. 우리 인간 역시 모든 식물이나 동물처럼 오랫동안 천천히 변하면서 지금의 모습이 되었어. 모든 것은 자연의 규칙에 따라 천천히, 아주 천천히 변해 가.

홍수 발생.

부주의함.

눈에 아주 잘 띔!

운이 나쁨.

생명체가 자손을 가질 때는 항상 우연이 작용해. 너도 잘 알 거야. 아이들은 부모의 복사판이 아니고, 형제자매도 서로 다르지. 이게 바로 세상에 똑같은 닭이 한 마리도 없는 이유야!

잘 살 수 있는 환경이란 각 생명체의 특징에 따라 달라. 예를 들면, 깃털이 두툼하면 추운 지역에서는 따뜻하겠지만, 사막에서는 너무 더워서 힘들겠지?

어떤 동물이나 식물이 환경에 아주 잘 적응하면, 그 생명체는 아이를 많이 낳을 수 있어. 이어서 자녀도 부모와 비슷한 특징을 가지게 되겠지? 환경에 안 맞는 특징을 가진 개체는 다시 어려움을 겪을 테고, 그러면 그런 특징이 점점 사라지겠지.

유리한 특징은 시간이 흘러도 계속 전해져. 그래서 어떤 동물은 하늘을 날고, 또 다른 동물은 물속에서 호흡할 수 있는 거야. 하지만 환경은 항상 변하기 때문에, 어떤 특징이 좋은지는 계속 바뀔 수 있어.

부들부들

켁켁!

깃털이 매우 적음.

역시 운이 나빴음.

끊임없는 변화
진화를 통해 지구상에는 엄청나게 다양한 생물이 나타났어. 인간도 두 발로 걷기 시작한 초기 조상에서 진화했지.

갈고, 자르고, 만들고

올바른 도구를 사용하면 많은 일이 훨씬 쉬워져. 예를 들어, 많은 원숭이가 막대기로 개미를 낚거나 돌로 견과류를 부숴. 우리 조상들도 먹거리를 마련할 때 돌과 나뭇가지를 사용했지. 최초의 전문적인 도구는 아마도 손도끼였을 거야. 손도끼를 만들기 위해 우리 조상들은 돌로 다른 돌을 두드려서 뾰족하고 날카롭게 만들었어. 시간이 지나면서 손도끼는 더 작고, 날카로워졌지.

투마이 사헬란트로푸스 차덴시스　　　　　**아르디** 아르디피테쿠스 라미두스

-7.000.000　　　-6.000.000　　　-5.000.000　　　-4.000.000

지니고 있는 도구를 보여 주면 나는 네가 어떻게 살고 있는지 파악할 수 있어. 인류학자들도 원시인이 쓰던 손도끼를 보고 그들의 일상에 대해서 많은 것을 알아냈지. 안타깝게도 나무나 가죽은 수백만 년 동안 유지되지 못하는 탓에 좀처럼 발견되지 않고, 그래서 인간이 언제부터 이런 도구를 썼는지는 아직도 정확히 알지 못해.

루시 오스트랄로피테쿠스 아파렌시스   **플리스 부인** 오스트랄로피테쿠스 아프리카누스

-3,000,000   -2,000,000   **나리오코토메 소년**   -1,000,000년 전   현재
                                                               호모 에렉투스

호미닌

여기에는 현재 살고 있는 인류도 포함돼. 나와 네 친구들은 물론, 너도! 호모 사피엔스Homo sapiens는 우리 인류 종의 학명이. 첫 번째 단어 호모는 속을, 두 번째 단어 사피엔스는 종을 나타내지. 연구자들은 이 두 부분으로 구성된 이름으로 동물과 식물을 그 관계에 따라 분류해. 이 분류 체계는 약 300년 전 스웨덴의 자연 연구자 칼 폰 린네가 고안했어.

어떻게 분류할까?
전체적인 윤곽을 파악하기 위해 연구자들은 인간 화석을 속과 종으로 분류해. 서랍이 많은 서랍장 같은 체계지.

인류 계보에는 몇 개의 종이 있었을까?
20개가 훨씬 넘어. 지금까지 화석이 발견되지 않은 종까지 고려하면 훨씬 더 많을 거야.

만일 분류에 맞지 않는다면?
지금까지 알려지지 않은 특성을 지닌 발굴물도 있어. 그렇다면 새 서랍이 필요하겠지.

서랍이 꽉 차면?
한 서랍에 전혀 다른 발굴물이 끼어 있을 수도 있어. 그렇다면 다시 분류해야지.

왜 서랍장이 필요할까?
사실 자연은 서랍장 같은 건 몰라. 인류학자들도 이 사실을 알고 있지만, 전체적인 윤곽을 파악하려면 체계가 필요해.

투마이 사헬란트로푸스 차덴시스   **아르디** 아르디피테쿠스 라미두스

-7.000.000　　-6.000.000　　-5.000.000　　-4.000.000

나리오코토메 소년
NARIOKOTOME BOY

- **어원** 발견된 곳의 강 이름. 투르카나 소년이라고도 불려.
- **생몰** 약 160만 년 전.
- **발견** 동아프리카 케냐(1984).
- **나이** 약 12살로 추정.
- **몸집** 약 1.45미터
- **거주** 현재 케냐 북부에 있는 투르카나 호수 근처의 덥고 건조한 지역.
- **주식** 열매, 뿌리, 고기.
- **특징** 젖니 어금니가 빠진 후 염증으로 사망했지만, 아래 턱에 치아 뿌리가 여전히 붙어 있었어.

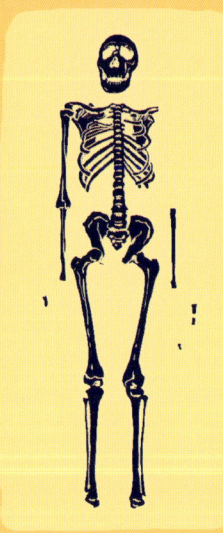
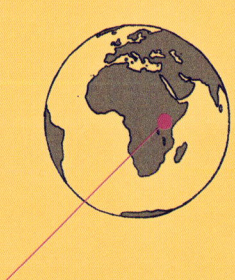

호모 에렉투스
Homo erectus

- **의미** 라틴어로 '인간Homo'과 '곧 서 있다erectus'는 뜻이야. 즉 허리를 펴고 서 있는, 곧선사람이란 뜻이지.
- **시기** 약 200만 년부터 수십만 년 전까지.
- **특색** 아프리카뿐 아니라 아시아에서도 산 이들은 우리의 직계 조상이기도 해.

화석에 이런 별명이?

나리오코토메 소년 화석의 정확한 이름은 사실 KNM-WT 15000이야. 기억하기도, 부르기도 좀 어렵지? 그래서 연구자들은 일부 화석에 별명을 붙여줬어. 예를 들어, 루시도 실제 이름인 AL 288-1를 기억하는 사람은 거의 없을걸? 발굴 당시 자주 들은 노래 제목(루시)도, 학명의 약자(아르디)도 별명이 될 수 있어. 발견된 장소의 지역 언어로 의미 있는 단어(투마이)일 수도 있지. 화석의 특징 때문에 생긴 별명(리틀 풋, 호두 까기 인간)도 있고, 화석이 유명한 캐릭터를 연상시켜서 생긴 별명(호빗)도 있어.

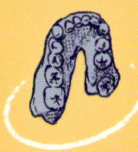

조니스 차일드 Johnny's child
발견한 연구자의 이름을 딴 별명이야. 호모 하빌리스 *Homo habilis*(손쓴사람)로 분류되지. 유골의 아래 턱에 13개의 치아와 사랑니가 남아 있어.

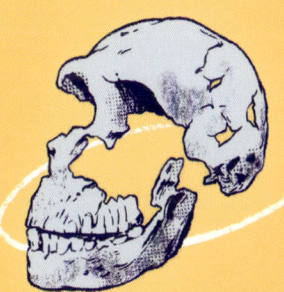

네오 Neo
남아프리카 요하네스버그 인근에서 발견된 호모 날레디 *Homo naledi* 화석의 별명이야. 현지 소토어로 '선물'이란 뜻이지.

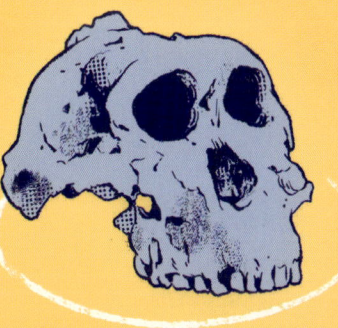

호두 까기 인간 Nutcracker Man
큰 어금니와 단단한 아래턱 때문에 생긴 별명이야. 동아프리카 탄자니아에서 발견되었고, 오스트랄로피테쿠스 보이세이 *Australopithecus boisei*로 불리다 최근 파란트로푸스 보이세이 *Paranthropus boisei*로 재분류되었어.

셀람 Selam
에티오피아어로 '평화'라는 뜻의 이름이야. 에티오피아에서 발견된 3살 여아의 화석이야. 루시와 같은 종이라 루시의 아기 Lucy's Baby로도 불려.

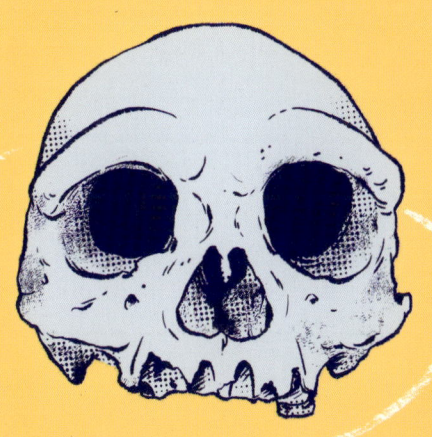

드래곤 맨 Dragon Man
현생 인류와 가장 가깝다는 인류인 호모 롱기 *Homo longi*의 별명이야. 발견 장소인 중국 헤이룽장(흑룡강) 이름을 따왔어.

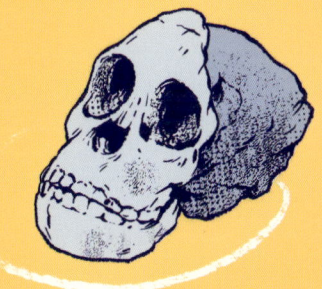

타웅의 아이 Taung child
남아프리카 요하네스버그의 타웅이라는 마을에서 발견됐어. 오스트랄로피테쿠스 아프리카누스 *Australopithecus africanus*의 화석으로, 3살경 독수리에게 잡아먹힌 것으로 짐작돼.

트위기 Twiggy
퇴적 과정에서 심하게 변형돼서 '비틀린'이란 뜻의 별명이 붙었어. 호모 하빌리스로 분류돼.

굶주림

먹거리가 부족해지면 사람들은 식량이 더 많은 곳으로 터전을 옮겼어. 더 비옥한 지역을 찾아 떠나기도 했고, 이동하는 동물 무리를 따라가기도 했지.

아프리카

유럽

아시아

얘들아, 너무 멀리 가지 마! 금방 밥 먹을 거야.

환경

너무 추워지거나 더워지거나 습해지거나 건조해지면 더 살기 좋은 지역을 찾아 떠났지.

무리의 규칙

청년들은 때때로 무리를 떠나 다른 곳에서 새로운 가족을 꾸리기도 했어. 다툼이나 싸움이 벌어진 후 일부 구성원이 자기만의 길을 가는 경우도 있었지.

오스트레일리아

어디로 갈까?

인류의 여정

과학은 오랫동안 인류의 초기 이동 경로를 추적하기 위해 노력했어. 당시에는 아무도 여행 일기를 쓰지 않았기 때문에 이 일은 무척 어려웠지. 지금도 인류학자들은 뼈, 불을 피운 흔적, 동굴 벽화, 도구의 흔적, 무덤이나 기타 유적에서 나온 단서를 가지고 연구해. 예를 들어 한 집단이 동쪽에서 서쪽으로 이동했는지, 아니면 서쪽에서 동쪽으로 이동했는지는 분명하지 않은 경우가 많아. 확실한 것은 인류는 끊임없이 이동했고, 오늘날에도 여전히 이동하고 있다는 사실이야. 사람들이 장소를 옮기는 데에는 여러 가지 이유가 있어.

- 호모 사피엔스
- 호모 네안데르탈렌시스
- 호모 에렉투스

육지

어떤 곳들은 과거에 해수면이 지금보다 훨씬 낮았어. 그래서 사람들은 현재는 물에 잠긴 일부 지역을 걸어 다닐 수 있었지.

어디에서 어디로?

최초의 인류는 아프리카에서 진화했어. 그곳에서 일부가 아시아, 오스트레일리아, 유럽으로 이동했지. 나중에 또다시 일부가 아메리카 대륙으로 진출했어. 대부분 작은 무리가 출발하여 몇 킬로미터를 이동했고, 이 일이 반복되었지. 최초에는 대륙이라는 개념도, 지도도 없었어. 딱히 계획도 없었지. 사람들은 그저 살기 좋은 곳으로 계속 퍼져 나갔을 뿐이야. 이게 바로 오늘날 사람들이 전 세계에 살게 된 까닭이야.

베링해협

북아메리카

남아메리카

우르릉

아아악!

위험

지진이나 화산 폭발 같은 자연재해, 갑자기 나타난 적이나 위험한 동물을 피해 탈출하기도 했지.

남극

이 지도는 좀 이상해 보일 거야. 대부분의 지도에서는 지구가 다르게 표시되거든. 둥근 구의 표면을 평평한 종이에 옮기면 제대로 묘사가 안 되기 때문이지. 이 장에서는 대륙을 실제 크기와 모양에 가깝게 그렸어.

처음에는 모든 것이 단순하고 논리적으로 보였어. 초기 화석은 인류가 어떻게 생겨났는지에 대한 당시 이론과 잘 맞아떨어졌거든.

어느 시점부터 우리는 현생 인류가 두 발로 걷던 초기 인류로부터 진화했다고 여기기 시작했지. 더 오래된 화석은 당연히 더 오래전의 조상이라고 가정한 거야.

투마이 사헬란트로푸스 차덴시스　　　　　　　　　　　**아르디** 아르디피테쿠스 라미두스

-7,000,000　　　　　　-6,000,000　　　　　　-5,000,000　　　　　　-4,000,000

새로운 이해

그러다 인류 역사가 생각보다 복잡하다는 것을 깨닫게 되었어. 예전에는 한 줄로 된 간단한 그림을 그렸는데, 알고 보니 훨씬 복잡한 그림을 그려야 하는 거야. 여러 종의 인류가 동시에, 여기저기 퍼져 살았기 때문이지. 수십만 세대에 걸친, 수십억 인간의 이야기랄까? 인류의 역사는 마치 커다란 퍼즐 같아. 아직 이 퍼즐의 조각들을 아직 다 찾지 못했으므로 인류학자는 언제나 새로운 증거에 마음을 열고, 다른 가설을 받아들일 수 있어야 해.

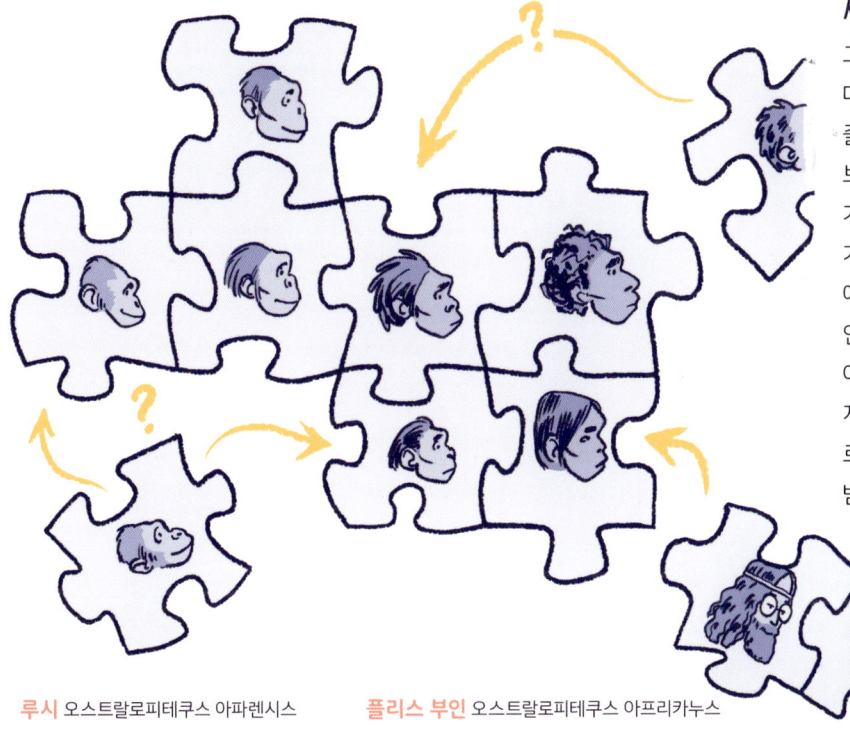

루시 오스트랄로피테쿠스 아파렌시스   **플리스 부인** 오스트랄로피테쿠스 아프리카누스   **엑스 우먼** 데니소바인

-3.000.000   -2.000.000   **나리오코토메 소년**   -1.000.000년 전   현재
                                 호모 에렉투스

역사상 가장 위대한 발명품, 불!

인간은 이미 백만 년 전부터 불을 사용했어. 인간이 불꽃을 얻고 불씨를 지키는 법을 알게 되면서 인류의 삶은 근본적으로 바뀌었어. 인류는 언제부터 어디에서나 스스로 불을 피우고, 사용할 수 있게 되었을까?

불은 우리를 따뜻하게 해 줘. 그 덕분에 우리 조상들은 추운 곳에서도 살 수 있었어. 게다가 불이 있으면 큰 동물도 무섭지 않아. 연기 때문에 작은 벌레들도 멀리 도망가지.

불로 조리하면 소화가 잘되겠지? 이 덕분에 인류는 더 많은 시간을 다른 일에 쓸 수 있게 되었어. 삶은 콩이나 구운 스테이크를 먹으면 배가 많이 부르니까, 자주 먹을 필요 없이 하루 종일 놀거나 일할 수 있거든.

원시인의 집

인류는 언제부터 집에 살았을까? 사실 사람들이 집에 살기 시작한 건 그리 오래된 일이 아니야. 원시 인류는 바위 아래나 동굴 같은 자연의 피난처에서 비와 바람, 추위를 피하곤 했지. 특히 동굴은 원시 인류의 여러 유물이 오늘날까지 잘 남아 있어서 인류학자가 연구하기에도 좋은 장소야.

불은 빛으로 주변을 밝혀 줘. 그렇기 때문에 밤이 되어도 불을 켜면 늦게까지 놀 수 있지. 옛사람들도 밤에 불을 켜 놓고 친구들과 이야기도 나누고 새로운 것을 생각해 냈어.

혈거인

동굴 속에 사는 사람을 가리켜. 예전에는 좀 뒤처지거나 무식한 사람을 뜻하는 말로도 쓰였지만, 동굴에서 살던 사람들은 전혀 뒤처지거나 무식하지 않았지.

기후 변화

혹시 지금 지구 온난화를 떠올렸어? 사실 지구는 아주아주 오래전부터 추워지기도, 더워지기도 했어. 때로는 기후 변화가 진화의 원동력이 되기도 했지. 인류의 진화도 기후 변화의 영향을 받았어.

약 700만 년 전, 적도 부근 아프리카는 상당히 건조해졌어. 수천 년 동안 전보다 비가 적게 내렸거든. 그 결과 거대한 원시림이 많이 줄어들었고, 사방이 트인 지형이 생겨났어. 우리 조상들은 새로운 환경에서 처음으로 두 발로 걷기 시작하며 점차 진화했지.

긴 시간 동안 기후가 변하지 않으면 그 환경에 맞춰 동식물도 안정적으로 살아갈 수 있어. 하지만 약 80만 년 전, 동아프리카의 기후는 큰 변화를 겪었어. 게다가 점점 추워졌어. 엄청난 기후 변화로 인해 이 지역에 살던 인류의 조상은 더 나은 환경을 찾아 이동했어. 일부는 다른 대륙으로 뻗어 나갔지.

빙하기와 온난기가 여러 번 반복되면서 바다의 수위도 변했어. 해수면이 낮은 시기에는 육지와 연결되는 섬도 있었어. 시베리아에도 때때로 아시아와 아메리카 사이를 잇는 길이 드러났다고!

투마이 사헬란트로푸스 차덴시스　　　　　　　　　　**아르디** 아르디피테쿠스 라미두스

-7.000.000　　　　　　-6.000.000　　　　　　-5.000.000　　　　　　-4.000.000

엑스 우먼 X-WOMAN

어원 처음 발견되었을 때, 수수께끼의 화석이라서 이런 이름이 붙었는데, 나중에 알고 보니 어린이의 뼈 화석이었어. 엑스 우먼보다는 엑스 걸이라는 이름이 더 좋았을 텐데.

생몰 5만 년 이상 전.

발견 러시아, 시베리아, 아시아(2010).

나이 5~7살.

몸집 불분명.

거주 산악 지대.

주식 고기와 식물성 음식.

특징 유전자 분석으로 존재가 밝혀진 최초의 인류야.

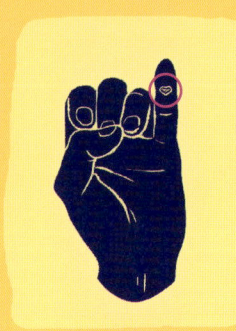
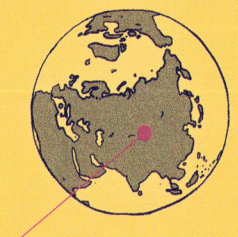

데니소바인
Denisovan

의미 시베리아의 데니소바 동굴에서 발견된 사람. 발견된 화석이 충분하지 않아서 아직 정식 학명은 없어.

시기 약 20만 년 전에서 5만 년 전에 살았으리라 짐작됨.

특색 발견된 화석이나 유물은 몇 개 없지만, 뼈에서 유전자를 추출한 결과, 놀랍게도 이들이 새로운 인류 종이라는 사실을 알게 되었어.

넌 누구야!?

2008년, 인류학 연구팀은 시베리아의 데니소바 동굴에서 몇 밀리미터 크기의 손가락 뼛조각을 발견했어. 데니소바 동굴은 네안데르탈인이 살았던 장소로 알려져 있었기 때문에 처음에는 다들 이 뼛조각이 네안데르탈인의 화석이라고 생각했어.

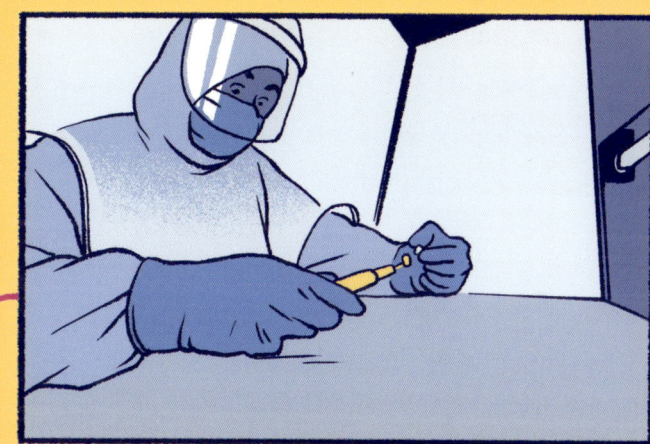

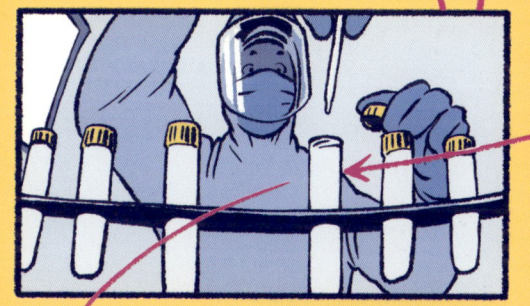

그런데 아니었어!

뼈에서 나온 유전자를 조사해 보니 네안데르탈인도, 호모 사피엔스도 아니었어. 새로운 종, '데니소바인'이 등장한 거야! 이 종의 이름은 발견된 동굴에서 따왔어. 이전에는 화석의 모양으로 종을 분류했는데, 처음으로 실험실에서 유전자 분석을 통해 새로운 종을 찾아낸 거야.

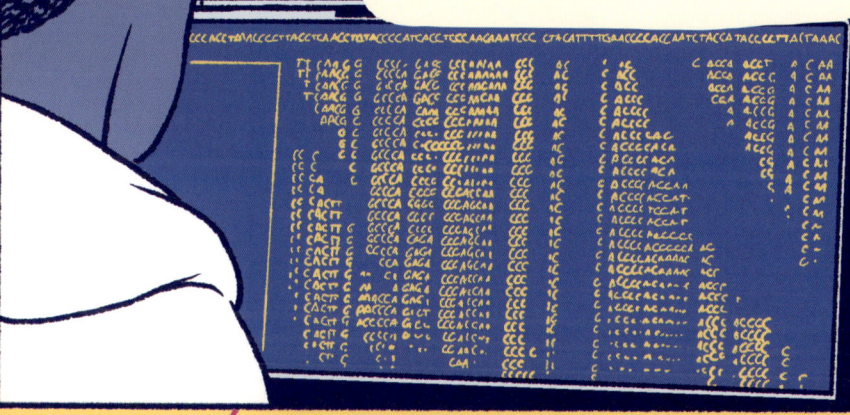

모든 생명체는 특별한 코드를 지니고 있어. 이 코드는 날다람쥐, 선인장, 사람 등등 다양한 생명체가 어떻게 생겼는지, 또 어떻게 움직이는지 알려 주는 비밀 정보야. 이 특별한 코드의 이름은 바로 DNA지. DNA는 우리 신체의 모든 세포에 있어서 우리 몸이 어떻게 만들어져야 하는지를 알려 주는 책, 즉 유전자 정보가 담긴 책이야.

우리 몸 안에는 '세포'라는 매우 작은 부품들이 있어. 그리고 그 안에는 대개 DNA라는 아주 얇고 기다란 가닥이 들어 있는데, 펴면 약 2미터나 되지!

DNA는 A, T, G, C라는 네 종류의 특별한 기본 단위로 이루어져 있어. 기본 단위들은 서로 짝을 이루어서 긴 나선 사다리를 만들지. 이 구조 때문에 DNA는 아주 강하고 안정적이야.

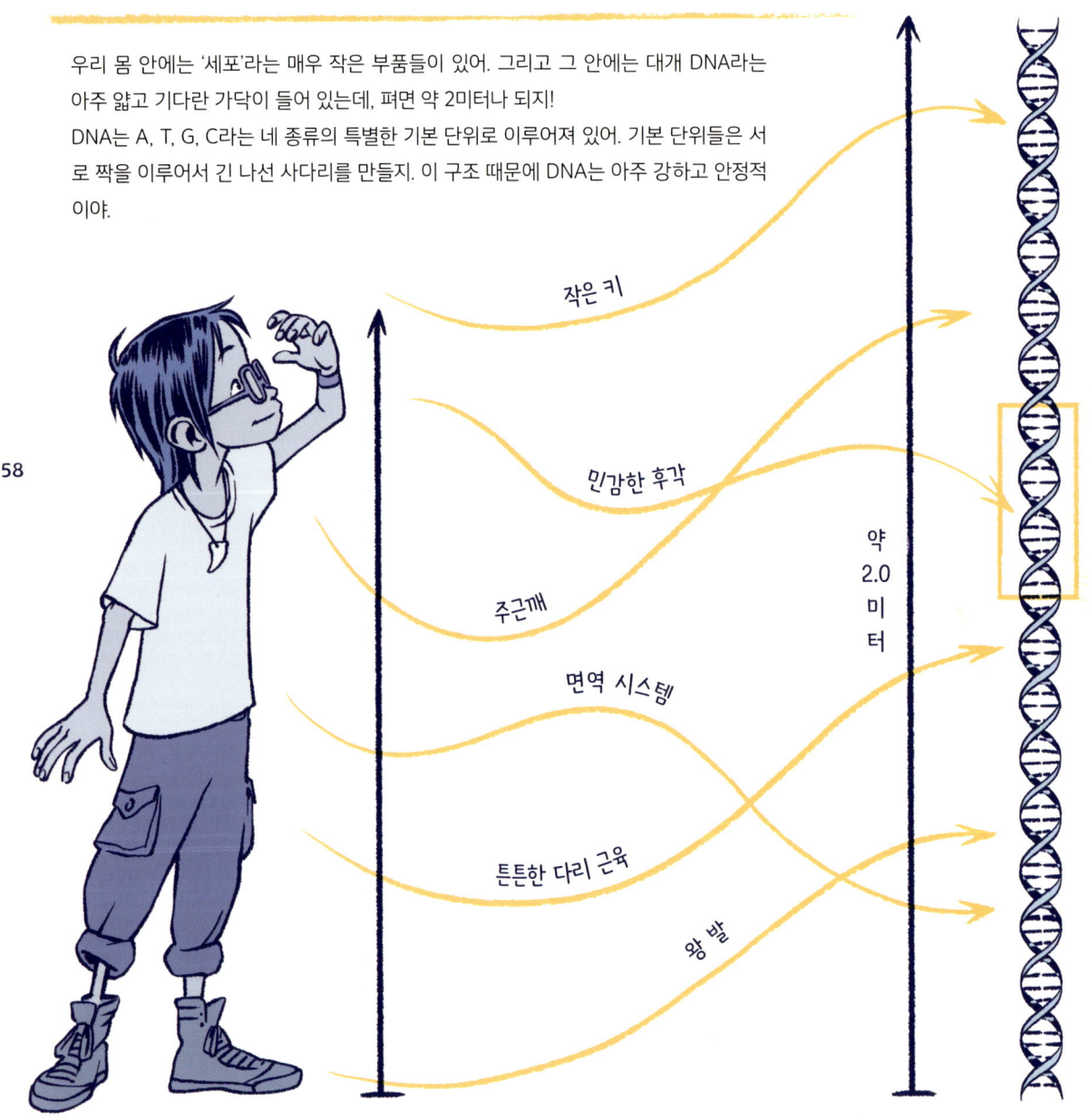

시간이 없어!

생물이 죽으면 유전자도 금세 썩어 버리지만, 환경이 아주 건조하거나 매우 춥다면 오래 보존될 수도 있어. 때로는 수천 년 동안 유지되기도 해. 이게 바로 인류학자들이 실험실에서 뼈나 치아를 조금씩 갈아 보는 이유야. 이 같은 과정을 통해 현대인뿐 아니라 옛날에 사라진 네안데르탈인이나 데니소바인 같은 원시인의 유전자도 찾을 수 있었어.

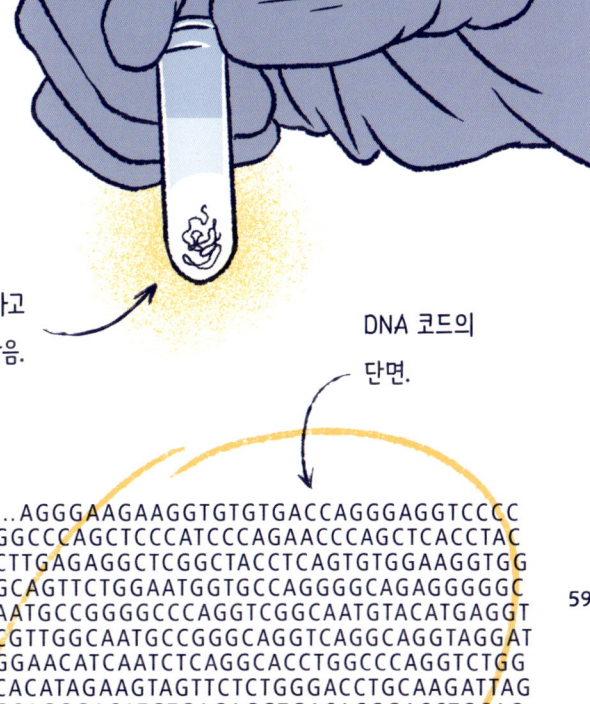

세포를 용해하고 정제하면, DNA가 남음.

DNA 코드의 단면.

```
…AGGGAAGAAGGTGTGTGACCAGGGAGGTCCCC
GGCCCAGCTCCCATCCCAGAACCCAGCTCACCTAC
CTTGAGAGGCTCGGCTACCTCAGTGTGGAAGGTGG
GCAGTTCTGGAATGGTGCCAGGGGCAGAGGGGGC
AATGCCGGGGCCCAGGTCGGCAATGTACATGAGGT
CGTTGGCAATGCCGGGCAGGTCAGGCAGGTAGGAT
GGAACATCAATCTCAGGCACCTGGCCCAGGTCTGG
CACATAGAAGTAGTTCTCTGGGACCTGCAAGATTAG
GCAGGGACATGTGAGAGGTGACAGGGACCTGCAG
GGGCAGCCAACAAGACCTTGTGTGCACCTCCCATG
GGTGGAATAAGGGGCCCAACAGCCTTGACTGGAGA
GGAGCTCTGGCAAGGCCCTGGGCCACTGCACCTGT
CTCCACCTCTGTCCCACCCCTCCCACCTGCTGTTCC
AGCTGCTCTCTCTTGCTGATGGACAAGGGGGCATC
AAACAGCTTCTCCTCTGTCTCTGCCCCCAGCATCAC
ATGGGTCTTTGTTACAGCACCAGCCAGGGGTCCA
GGAAGACATACTTCTTCTACCTACAGAGGCGACATG
GGGGTCAGGCAAGCTGACACCCGC…
```

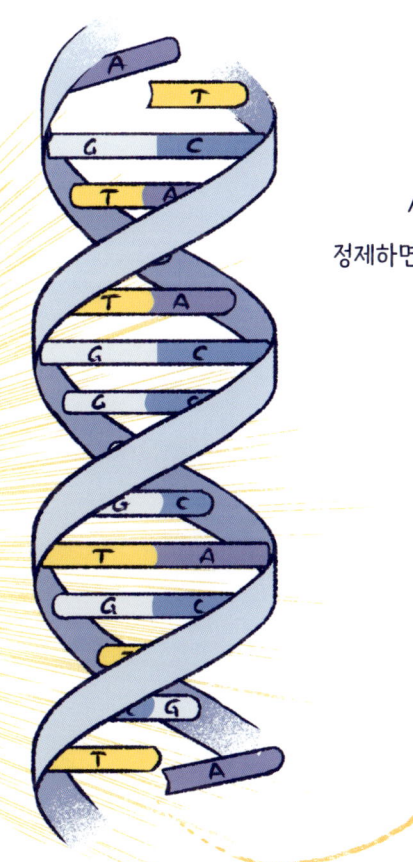

하지만 공룡의 DNA는 찾을 수 없어. 공룡은 6500만 년 전에 살았거든. 아무리 환경적으로 잘 보존되더라도 수십만 년 이상 DNA가 유지되기는 불가능하므로 <쥬라기 공원>에서처럼 호박* 속에 공룡의 DNA를 발견할 가능성은 없어.

아쉽구먼!

* **호박**: 나무의 송진 등이 땅속에 파묻혀 생진 화석. 곤충이나 작은 포유류가 들어 있는 경우도 있다.

작디작은 플로레스인

작은 생물은 큰 생물에 비해 섬에 더 잘 적응해. 숨을 곳도 더 쉽게 찾고, 먹기도 덜 먹으니까. 생존 가능성이 높아지니 후손도 더 많이 낳겠지? 그들의 작은 후손들은 다시 숨을 곳을 더 쉽게 찾고, 덜 먹을 거야. 당연히 생존 가능성도 더 높아질 테고, 후손을 더 많이 낳겠지. 그렇게 한 종의 덩치가 점점 줄어드는 과정을 연구자들은 섬 왜소증 Insular Dwarfism 이라고 불러.

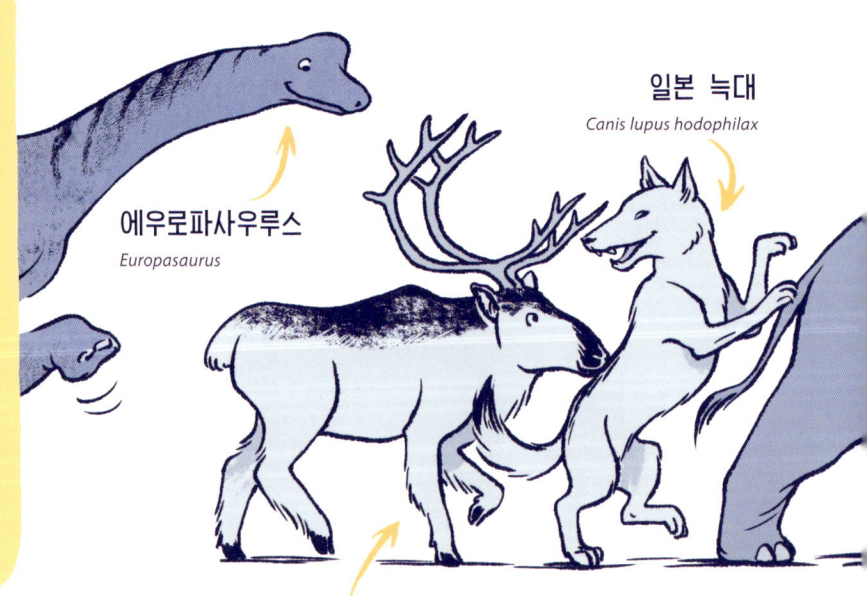

에우로파사우루스
Europasaurus

일본 늑대
Canis lupus hodophilax

스발바르 순록
Rangifer tarandus platyrhynchus

투마이 사헬란트로푸스 차덴시스   **아르디** 아르디피테쿠스 라미두스

-7,000,000   -6,000,000   -5,000,000   -4,000,000

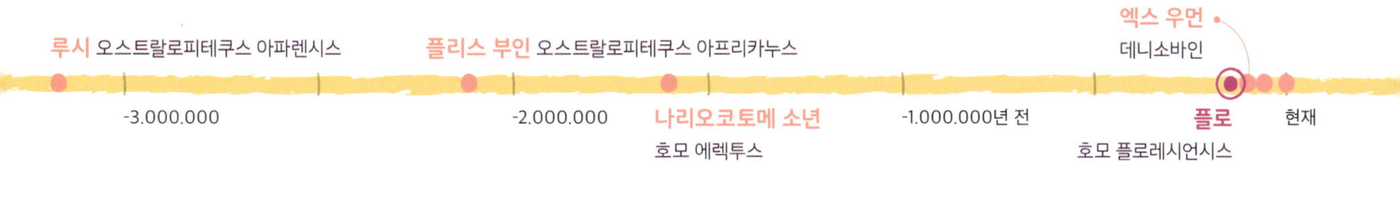

플로 FLO

- **어원** 플로레시엔시스(학명)의 약칭.
- **시기** 약 8만 년 전.
- **발견** 동남아시아 인도네시아 플로레스섬(2003).
- **나이** 성인.
- **몸집** 다 큰 성인도 1미터가 조금 넘어.
- **거주** 거대한 동굴이 있는 초원.
- **주식** 고기.
- **특징** 아주 작아.

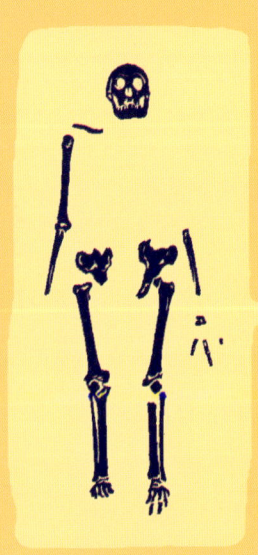
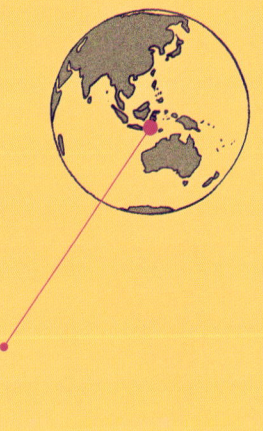

호모 플로레시엔시스
Homo floresiensis

- **의미** 플로레스섬에 사는 사람. 그런데 플로레스섬은 한번도 육지와 연결된 적이 없어서 이 사람들이 어떻게 플로레스섬으로 이동한 건지는 아직도 미스터리야.
- **시기** 약 10만년에서 6만 년 전.
- **특색** J.R.R. 톨킨이 쓴 《반지의 제왕》에는 아주 작은 인간 종인 난쟁이 호빗이 나와. 그래서 호모 플로레시엔시스를 '호빗'이라고 부르기도 해.

당황스러운 발견!

2003년, 인류학자들은 인도네시아의 플로레스섬에서 아주 작은 인간의 뼈를 찾았어. 연구 결과, 1만 8천 년 전에 그 작은 인간이 살았다는 사실이 밝혀졌지.

사람들은 깜짝 놀랐어. 그 전에는 3만 년 전에 다른 인류 종이 모두 멸종하고, 호모 사피엔스만 살아남았다고 생각했거든. 이 발견은 한마디로 그동안의 생각과 맞지 않았지!

이 작달막한 인류는 무슨 수로 그렇게 최근까지 살아남을 수 있었을까? 미스터리의 해답으로 어떤 학자는 질병을 떠올렸어. 화석으로 발견된 사람은 병에 걸려서 몸집이 작아진 거라고 주장했지. 하지만 많은 인류학자가 이런 주장에 고개를 갸웃했어.

플로의 두개골

사피엔스의 두개골

플로레스섬의 리앙 부아 동굴의 발굴

수수께끼는 2016년에야 풀렸어. 다시 차근차근 연대를 조사해 보니까 6만 년 전의 화석으로 밝혀진 거야. 그럼 이전 연구는 다 틀린 걸까? 그건 아니야. 연대는 틀렸지만, 다른 조사 결과는 모두 맞았거든. 이들은 질병에 걸려서 작아진 것이 아니었어.

말할 수 없는 차이!?

인류가 언제부터 말할 수 있었는지는 아직까지 확실히 알 수 없지만, 점점 많은 것이 밝혀지고 있어. 이를테면, 예전에는 네안데르탈인이 말하지 못했다고 생각했지만, 그건 잘못된 생각이었지! 1983년에 발견된 네안데르탈인의 뼈 중에 '설골'이 있었거든.

설골은 목에 있는 작은 뼈야. 혀를 움직여서 음식을 씹거나, 음성을 만들어 주지. 네안데르탈인의 설골은 현대인과 모양이 별로 다르지 않았어. 그리고 2007년 네안데르탈인에게 언어와 관련된 유전자가 있다는 사실도 밝혀졌지. 네안데르탈인도 말할 수 있었어. 무슨 언어로 농담하거나 노래를 불렀는지는 영원히 알 수 없겠지만, 분명히 서로 대화를 나눈 것 같아.

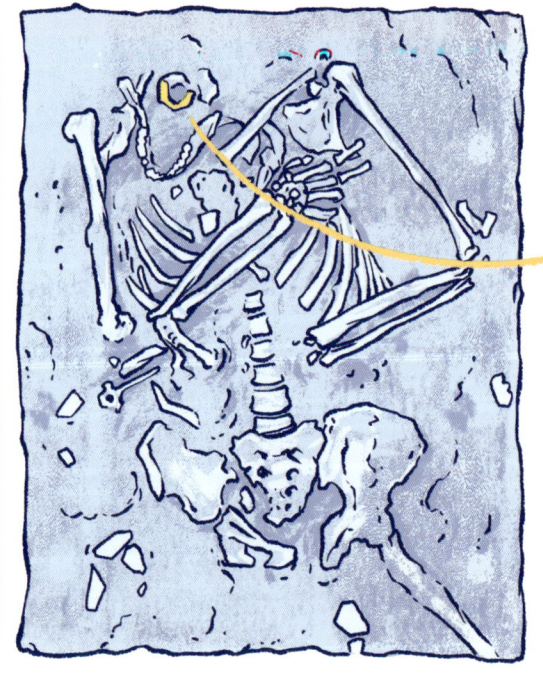

투마이 사헬란트로푸스 차덴시스   **아르디** 아르디피테쿠스 라미두스

-7,000,000   -6,000,000   -5,000,000   -4,000,000

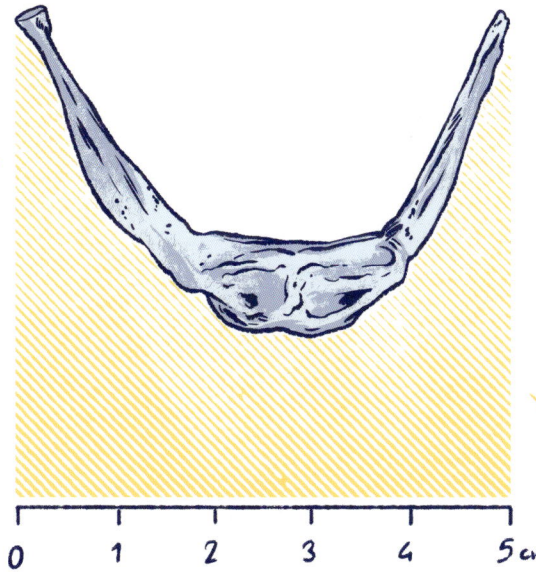
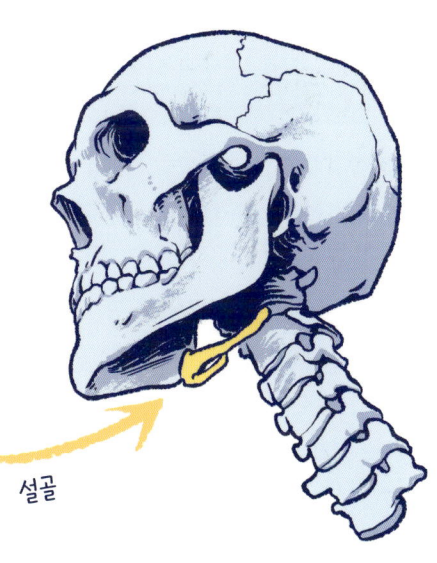

설골

호모 사피엔스와 다른 인류 종의 발견

1856년, 독일의 뒤셀도르프 근처 네안데르 계곡 동굴에서 땅을 파던 인부들은 땅에서 나온 뼈를 그냥 밖으로 던져 버렸어. 채석장 주인은 그 뼈가 혹시 동굴 곰의 뼈는 아닐까 해서 부업으로 화석을 수집하던 고등 교사 요한 칼 풀로트 선생님에게 보냈지. 풀로트는 바로 '아주 오래된 인류의 뼈가 아닐까?' 생각했지만, 당시 유럽인은 과거의 인간도 지금과 똑같을 것이라 믿었어. 신이 인간을 만들었다고 생각했거든. 이에 고인류의 화석으로 처음 인정된 이 뼈가 새로운 이름, 즉 '호모 네안데르탈렌시스 Homo neanderthalensis'라는 학명을 받기까지는 무려 8년이나 걸렸어.

고인류학의 시작

네안데르탈인의 발견은 인류의 진화에 관한 연구의 신호탄이었어.

요한 칼 풀로트
Johann Carl Fuhlrott

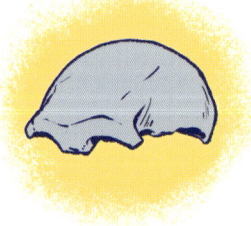

네안데르탈 1 Neanderthal 1
최초로 발견된 고인류의 화석.

투마이 사헬란트로푸스 차덴시스   **아르디** 아르디피테쿠스 라미두스

-7,000,000   -6,000,000   -5,000,000   -4,000,000

1800년경 네안데르 계곡.

1856년 채석장에서 뼈가 발견됨.

엑스 우먼 데니소바인

플로 호모 플로레시엔시스

루시 오스트랄로피테쿠스 아파렌시스

플리스 부인 오스트랄로피테쿠스 아프리카누스

나리오코토메 소년 호모 에렉투스

라샤펠의 노인 현재 호모 네안데르탈렌시스

-3,000,000   -2,000,000   -1,000,000년 전

누가 누구와 아이를 낳았을까?

만약 오늘날 호모 사피엔스 말고 네안데르탈인과 데니소바인도 존재한다면, 같은 종끼리만 사랑에 빠질까? 높은 확률로 그렇지 않을 거야. 옛사람들도 종을 넘나들어 사랑을 나누었거든. 동시대를 살아가던 호모 사피엔스와 네안데르탈인, 데니소바인은 때때로 아주 가까이 살았고, 다른 집단 사람들하고도 자주 어울렸어. 그중 일부는 서로 사귀었고, 아이들도 태어났지.

투마이 사헬란트로푸스 차덴시스   **아르디** 아르디피테쿠스 라미두스

-7,000,000   -6,000,000   -5,000,000   -4,000,000

네안데르탈인과 호모 사피엔스 사이의 아이에 관한 첫번째 증거!

1998년, 포르투갈의 발굴지에서 네 살에서 다섯 살 사이쯤으로 짐작되는 아이의 무덤이 발견되었어. 아이는 호모 사피엔스로 분류되었지만, 두개골은 전형적인 네안데르탈인의 특징을 보여 주었지. 아이의 부모 또는 조부모가 네안데르탈인 아니었을까?

호모 사피엔스

네안데르탈인

다양한 유전 이 조합 외에도 다음과 같은 부모를 둔 아이들이 있었어.

실험실에서의 증명

인류학자들은 네안데르탈인과 호모 사피엔스, 즉 우리 선조 사이에서 자식이 태어났다는 사실을 여러 번 입증했어. 아주 특별하게 가끔 일어난 일이 아니라는 사실도 밝혀냈지. 오래된 뼈에서 두 종류의 DNA를 찾을 수 있었거든. 이 아이들은 다시 아이를 낳았고, 그래서 우리 안에는 네안데르탈인의 유전자 일부가 남아 있어.

네안데르탈인 / 데니소바인

호모 사피엔스

데니소바인

우리 안의 네안데르탈인

많은 유럽인과 아시아인이 네안데르탈인의 유전자를 가지고 있어. 혹시 너도 그럴지 몰라!

데니소바인

?
지금까지 알려지지 않은 종의 인류

루시 오스트랄로피테쿠스 아파렌시스

플리스 부인 오스트랄로피테쿠스 아프리카누스

나리오코토메 소년 호모 에렉투스

엑스 우먼 데니소바인

플로 호모 플로레시엔시스

라샤펠의 노인 호모 네안데르탈렌시스

-3.000.000 / -2.000.000 / -1.000.000년 전 / 현재

라샤펠의 노인
Old Man from La Chapelle

어원 라샤펠오생 La Chapelle-aux-Saints에서 발견돼서 이런 별명이 붙었어.
생몰 6만 년에서 4만 년 전.
발견 프랑스(1908).
나이 45살에서 65살 사이.
몸집 약 1.60미터.
거주 숲 지역.
주식 고기를 많이 먹지만, 과일과 채소도 좋아해.
특징 사람이 죽으면 무덤을 만들어 묻었어.

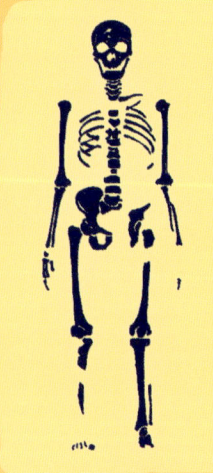
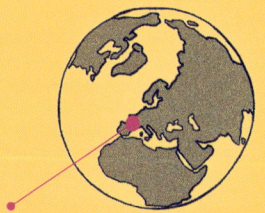

호모 네안데르탈렌시스
Homo neanderthalensis

의미 네안데르 계곡의 인간. '탈thal'은 독일어로 '계곡'이라는 뜻이야.
시기 매우 추운 유럽 지역에 아주 오랫동안, 대략 23만 년 전부터 약 3만 년 전까지 살았어 (40만 년 전부터 살았다고도 해).
특색 아직도 완전히 없어지지 않았어. 왜냐하면 지금도 많은 사람이 조금씩 그들의 유전자를 가지고 있거든.

미노 Mino

어원	부모님이 지어 주신 이름이야. 내 이름 예쁘지!?
생몰	현재(아직 살아 있음).
나이	11살 (아직 성장 중).
몸집	1.40미터(아직 크는 중).
거주	네 근처.
주식	딸기 아이스크림과 지렁이 젤리.
특징	시간 여행을 할 수 있어.

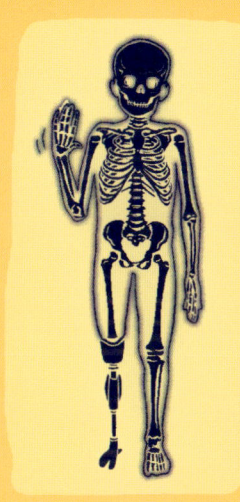
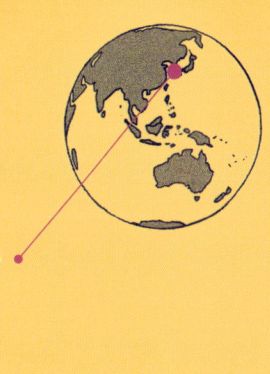

호모 사피엔스
Homo sapiens

의미	자신을 아는, 지혜로운 사람.
시기	호모 사피엔스는 아마 30만 년 전부터 존재했을 거야.
특색	전 세계에 분포해. 호모 속에 속하는, 유일하게 멸종하지 않은 인류 종이야!

살아남은 단 한 종의 인류!

우린 모두 호모 사피엔스에 속해. 호모 사피엔스는 약 3만 년 동안 홀로 존재하고 있어. 단 하나만 있으니 좀 지루하지? 미노도 그렇게 생각해. 그래서 시간 여행으로 오래된 인류의 친척들을 만난 거야. 하지만 모두 만나지는 못했어. 어떤 사람은 지금까지 20종이 넘는 인류가 존재했다고 이야기하는데, 어쩌면 더 많을 수도 있어.

서로 다른 종의 인류가 만난 적이 있었는지 대개는 알 수 없어. 혹시 만났다면 그들은 서로 다른 동물이라고 생각했을까? 아니면 가까운 친척이라고 생각했을까? 그것도 알 수 없어.

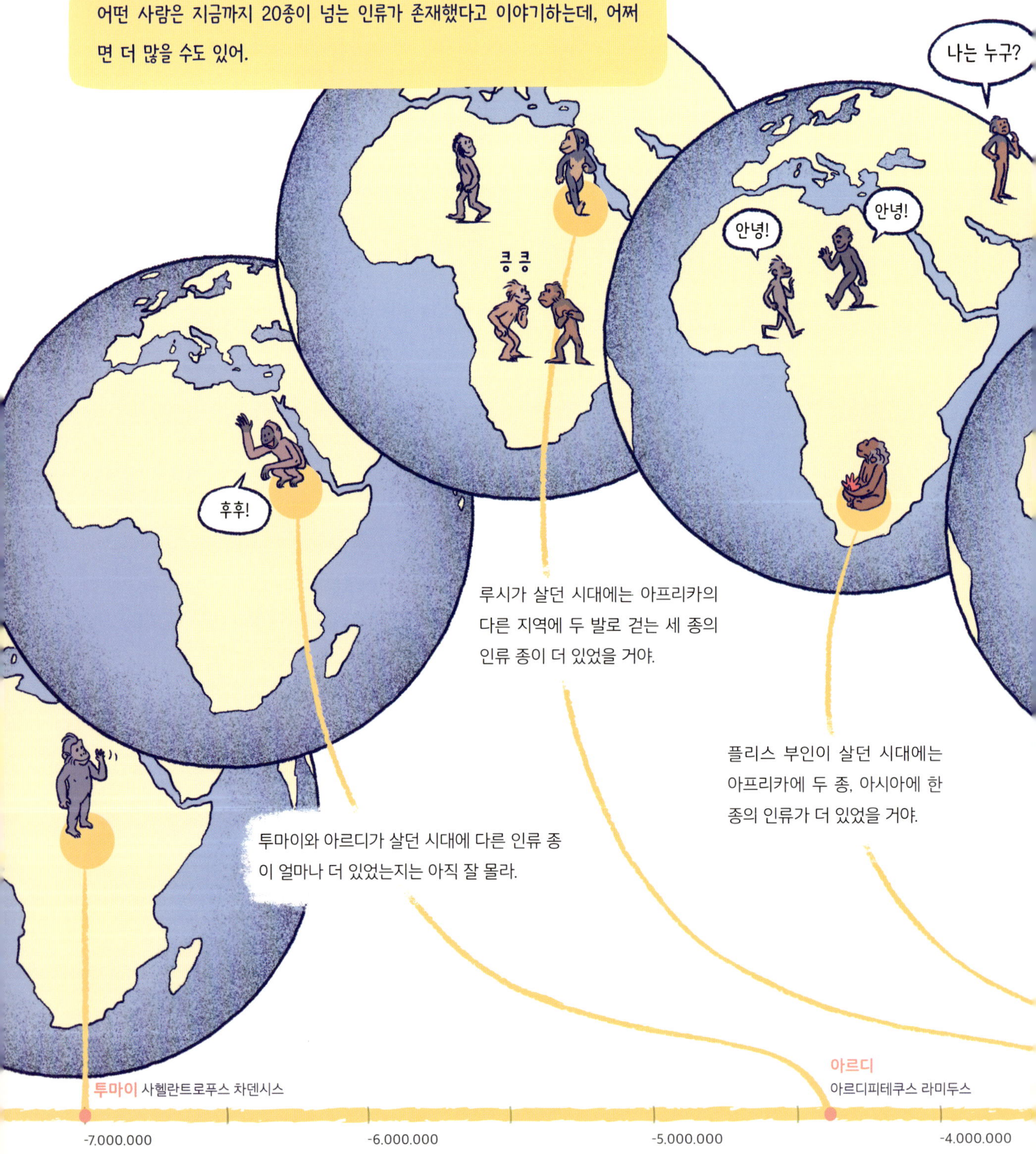

나는 누구?

안녕! 안녕!

쿵 쿵

후후!

루시가 살던 시대에는 아프리카의 다른 지역에 두 발로 걷는 세 종의 인류 종이 더 있었을 거야.

플리스 부인이 살던 시대에는 아프리카에 두 종, 아시아에 한 종의 인류가 더 있었을 거야.

투마이와 아르디가 살던 시대에 다른 인류 종이 얼마나 더 있었는지는 아직 잘 몰라.

투마이 사헬란트로푸스 차덴시스

아르디 아르디피테쿠스 라미두스

-7,000,000　　　-6,000,000　　　-5,000,000　　　-4,000,000

네안데르탈인은 유럽과 아시아에서 호모 사피엔스와 데니소바인을 만났지. 아직 알지 못하는 다른 인류 종을 만났을지도 몰라. 당시에는 플로레스섬에도 호빗이 살고 있었으니까.

심지어 다섯 종의 인류가 같이 살던 때도 있었어. 약 200만 년 전 아프리카에서 말이야. 호모 에렉투스가 살던 시대였지. 그런데 이 이야기는 아까 했나?

우리 종의 시작

현재까지 가장 오래된 호모 사피엔스 화석은 북아프리카에서 나왔어. 약 30만 년 전의 것이었지. 나중에 호모 사피엔스는 아라비아 반도, 유럽, 아시아, 호주, 아메리카 대륙까지 이동했어. 우리는 모든 대륙에 진출한 유일한 종이야.

여행을 마치며

끝없는 퍼즐

지금까지 실제로 존재했던 여덟 종의 초기 인류와 여행을 함께했어. 사실 어려운 인류학 책을 펼쳐보면 이 책에서보다 훨씬 많은 종을 만날 수 있을 거야. 이 책에 실린 건 지난 700만 년의 인류 역사 중 아주 작은 일부에 불과하니까. 루시와 아르디, 그리고 이 책에 나온 다른 친척 외에도 두 발로 걸었던 수많은 인류가 있었거든!

도대체 지금까지 얼마나 많은 종의 인류가 있었을까? 20종 또는 30종 혹은 그 이상인지도 몰라. 그래서 인류 역사에 대한 연구는 완성이 불가능한 거대한 퍼즐처럼 느껴지기도 해. 퍼즐 조각을 찾기도 어렵고, 그걸 그림에 알맞게 맞추는 것도 어려우니까 말이야. 하지만 전 세계의 많은 인류학자가 늘 열심히, 새로운 기술을 사용하며 연구하고 있어. 새로운 발견이 있을 때마다 인류의 진화에 대한 관련된 지식이 늘어나고 있지. 그 덕분에 인류 진화의 그림도 조금씩 선명해지고 있어.

투마이가 정말 식탐이 많았는지, 아르디의 꿈은 무엇이었는지, 루시가 사고뭉치였는지 아니었는지, 나리오코토메가 어떤 생각을 하며 살았는지 우리는 알 수 없어. 아무리 똑똑한 인류학자라도 결코 알아낼 수 없을 거야. 다만 루시는 오스트랄로피테쿠스 아파렌시스 종이고, 나리오코토메는 호모 에렉투스 종이라는 것은 알 수 있지. 우리는 모두 호모 사피엔스야.

비록 종은 다르지만, 루시와 나리오코토메가 없었다면 오늘날 우리도 존재할 수 없을 거야. 중요한 건 당시 환경에 잘 적응하고, 그에 알맞은 능력을 지닌 고인류들이 없었다면 오늘날 우리도 존재할 수 없었을 거라는 사실이야.

인류의 진화의 그림은, 안타깝지만, 언제까지고 완성되기 힘들 거야. 그렇지만 놀라운 발견도 계속되겠지. 우리 인류의 가장 흥미진진한 이야기, 즉 우리 자신의 과거 이야기를 풀어갈 단서를 계속 찾아내 보자!

이 책은 무려 천억 명의 인간에 관한
여덟 가지 이야기를 하고 있어.
어떤 학자는 지금까지 지구에 살았던 사람의
숫자를 다 합치면 천억 명일 거라고 주장하거든!
100,000,000,000명!

나도 발굴단!

1. 여러분은 지금 1974년의 에티오피아에 있습니다. 고된 작업 끝에 드디어 기대하던 뼈를 발견했지요. 발견한 것은 다음 중 누구의 화석일까요?

① 투마이 ② 아르디 ③ 루시 ④ 엑스-우먼

2. 뼈는 생각보다 많은 것을 알려 줍니다. 이를테면 넙다리뼈의 길이를 통해 그 사람의 키를 알 수 있지요. 질병이나 부상의 흔적 등이 남기도 합니다. 1.에서 발굴한 화석 역시 뼈에 남은 흔적을 통해 사망 원인을 짐작할 수 있습니다. 화석의 주인은 과연 어떤 이유로 죽었을까요?

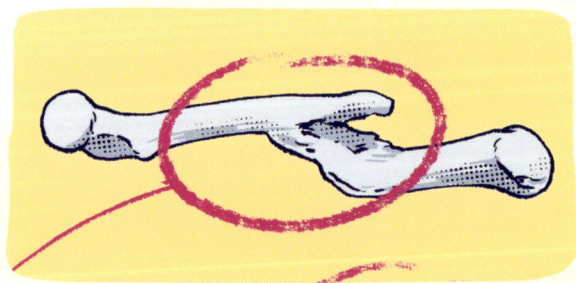

① 동물한테 잡아 먹혀서
② 나무에서 떨어져서
③ 뒤로 넘어졌는데 코가 깨져서
④ 나이가 많아서

3. 원시인의 흔적이 나왔다는 이야기에 동료들과 함께 러시아 데니소바 동굴에 방문한 여러분! 그런데 손가락 뼛조각밖에 찾지 못했습니다. 이대로 포기해야 할까요? 만약 포기하지 않는다면 어떤 방법이 있을까요?

4. 세상에나! 여러분은 연구실에서 유전자 분석을 통해 새로운 인류 종을 발견했습니다. 여러분이 발견한 인류 종의 특징은 무엇인가요? 키가 아주 작은가요, 아니면 큰가요? 추위에 강한가요, 약한가요? 여러분이 상상한 새로운 인류 종의 모습을 묘사해 보세요.

답 1. ③ 2. ② 3. 상현석에서 유전자를 분석한다.
4. 만약 새로운 인류가 발견된다면 어떤 생김새와 특징을 가질지 있을지, 상상력을 발휘해 보세요!

감사의 말

요아힘 부르거, 오트마 쿨머, 프리데만 슈렝크의 전문 지식과 현명한 비평에 감사드립니다. 네안데르탈인의 유골 재구성에 독보적인 마르틴 호이슬러와 사실 검증을 해 준 리자 쉬자노프스에게도 고마운 마음을 전합니다. 끝없이 격려해 준 게지네 그로트리안에 더해 차별 없이 편집해 준 조세피네 아프라쿠, 꼼꼼한 우마 그로트리안-슈타인벡에게도요. 전체 팀에 헌신해 준 비브케 뤼프너와 아이디어를 믿고 모든 작업을 함께해 준 코르둘라 퇴르너도 빼놓을 수 없습니다.

미하엘과 수잔은, 엄청나게 힘들었을 이 책의 그림을 마지막까지 훌륭하게 그려 준 베아에게 가장 큰 감사를 표합니다.

초판 1쇄 인쇄 2024년 2월 14일
초판 1쇄 발행 2024년 2월 29일

글	수잔 섀들리히·미하엘 슈탕
옮김	윤혜정
감수	박한선
펴낸이	이범상
펴낸곳	(주)비전비엔피·그린애플
기획 편집	차재호 김승희 김혜경 박성아 신은정 한윤지
디자인	김혜림 최원영 이민선 블랙페퍼디자인
마케팅	이성호 이병준 문세희 이미지
전자책	김성화 김희정 안상희
관리	이다정
주소	우) 04034 서울특별시 마포구 잔다리로7길 12 (서교동)
전화	02) 338-2411 | 팩스 02) 338-2413
홈페이지	www.visionbp.co.kr
인스타그램	https://www.instagram.com/greenapple_vision
포스트	post.naver.com/visioncorea
이메일	visioncorea@naver.com
원고투고	gapple@visionbp.co.kr
등록번호	제2021-000029호

ISBN 979-11-92527-46-8 (77470)

ⓒ 2023 글 수잔 섀들리히·미하엘 슈탕

- 값은 뒤표지에 있습니다.
- 잘못된 책은 구입하신 서점에서 바꿔드립니다.